LEKTÜRESCHLÜSSEL
FÜR SCHÜLERINNEN UND SCHÜLER

Arthur Schnitzler

Lieutenant Gustl

Von Mario Leis

Philipp Reclam jun. Stuttgart

Dieser Lektüreschlüssel bezieht sich auf folgende Textausgabe: Arthur Schnitzler: *Lieutenant Gustl.* Hrsg. von Konstanze Fliedl. Stuttgart: Reclam, 2009. (Universal-Bibliothek. 18156.)

RECLAMS UNIVERSAL-BIBLIOTHEK Nr. 15427

Gesamtherstellung: Reclam, Ditzingen
Printed in Germany 2010

ISBN 978-3-15-015427-4

www.reclam.de

Inhalt

1. Erstinformation zum Werk

Die Novelle *Lieutenant Gustl* des österreichischen Schriftstellers, Mediziners und Reserveoffiziers Arthur Schnitzler erschien am 25. Dezember 1900 in der Weihnachtsbeilage der *Neuen Freien Presse*. Diese Veröffentlichung sorgte für einen handfesten Skandal, weil der Autor die vermeintlich heilige Standesehre der Offiziere und den Antisemitismus in der Armee der Habsburger-Monarchie kritisierte. Er wurde für diesen Text vom Militär abgestraft, indem ein Ehrenrat ihm seinen Rang als Reserveoffizier aberkannte.

Skandal-Novelle

Schon 1896 hatte Schnitzler die Idee zu seiner Novelle notiert, die auf einen realen Vorgang zurückgeht: »Einer bekommt irgendwie eine Ohrfeige; – niemand erfährts. Der sie ihm gegeben, stirbt und er ist beruhigt, kommt darauf, dass er nicht an verletzter Ehre – sondern an der Angst litt, es könnte bekannt werden. –«[1]

Leutnant Gustl, alles andere als charakterlich gefestigt, wird in der Novelle von einem Bäckermeister im Zuge einer Drängelei in seine Schranken gewiesen, was der Offizier als schwere Kränkung seiner Ehre empfindet. Da sein Widerpart nicht satisfaktionsfähig ist, also nicht zum Duell gefordert werden darf, kann Gustl seine Ehre nicht durch ein Duell wiederherstellen, weshalb er mit dem Gedanken spielt, sich umzubringen.

Gustl will sich umbringen

Vom ersten bis zum letzten Satz des Textes lässt der Autor den Leser an der Gedankenwelt des Leutnants teilnehmen, und zwar in Form des inneren Monologes. *Lieutenant Gustl*

Neue Erzähltechnik

ist der erste literarische Text in der deutschsprachigen Literatur, der durchgängig – lediglich durch die wörtliche Rede anderer Personen kurz unterbrochen – den inneren Monolog aufweist.

2. Inhalt

Innerer Monolog

Die damals innovative Erzählform des inneren Monologs, die Arthur Schnitzler für seine Novelle gewählt hat und die gerade das Besondere des Textes ausmacht, bringt es mit sich, dass der Leser den Inhalt nicht von einem allwissenden, also auktorialen Erzähler erfährt, sondern das Geschehen erschließen muss, indem er Gustls Gedankenstrom folgt. Somit erfasst der Leser das Geschehen ausschließlich aus der subjektiven Perspektive des Leutnants, die ihm regelrecht aufgezwungen wird. Gustls Gedankenstrom, den der Leser nachvollziehen muss, ist daher der einzige Handlungsträger der Novelle.

Impressionistisches Bewusstseinsgemälde

Schnitzlers Text dringt mit dem inneren Monolog – keine andere literarische Darstellungsform vermag das – in Gustls intimste Sphären vor. Wie die Szenerie eines impressionistischen Gemäldes bietet hier der innere Monolog für den Leser keinen definierten Ausgangspunkt. Unvermittelt sieht er sich hineinversetzt in den Gedankenfluss des 23 oder 24 Jahre alten Protagonisten. Der Leser erlebt die Gedankenwelt und die scheinbar wirren Assoziationen des Leutnants hautnah, selbst die Außenwelt nimmt er nur aus dem Blickwinkel des Monologisierenden wahr, der sich immer wieder um den Selbstmord und die verlorene Ehre, aber auch um seine zahlreichen Liebesaffären, seine Familie, seine Vorgesetzten, seine Kameraden und sein anstehendes Duell mit einem Rechtsanwalt dreht.

Der innere Monolog ist nicht mit der elegant formulierten

Gustls Sprache

Schriftsprache zu vergleichen, sondern orientiert sich als spontaner sprachlicher Abdruck innerer Vorgänge an der gesprochenen Sprache. Daher rühren immer wieder dialektale Wörter wie zum Beispiel »Abschreiberei«, »Veigerln« und »Hascherl«. Recht häufig verzichtet der verzweifelte Leutnant auf Vokale: »ausg'seh'n«, »dasitz'« und »Kadettenschul'«. Oft formuliert er keine vollständigen Sätze, sondern bricht vor innerer Aufgewühltheit mitten im Gedanken ab.

Gustls Gedanken während eines Konzerts

Die »unerhörte Begebenheit«, laut Goethe das zentrale Merkmal der Novelle, ist in Gustls Fall eine Auseinandersetzung mit dem Bäckermeister Habetswallner, die sich im Anschluss an einen Konzertbesuch ereignet. Leutnant Gustl, junger Offizier der k.u.k. Armee in Wien, wohnt einem Konzert, einem Oratorium bei. Gustl nimmt jedoch keinen Anteil an dem Vortrag. Obendrein weiß der ungebildete Offizier noch nicht einmal, was er sich dort anhört, erst das Programmheft klärt ihn darüber auf: »Ja, richtig: Oratorium! Ich hab' gemeint: Messe« (7).

Oratorium

Der unmusische Leutnant

Gustl langweilt sich und wünscht das Ende des Konzertes herbei. Seine Gedanken schweifen derweil nach Art der freien Assoziation mehr oder weniger ziellos umher. Gustl ergeht sich in der Betrachtung der anderen, insbesondere der weiblichen Konzertbesucher: »Das Mädel drüben in der Loge ist sehr hübsch« (7). Und er zerbricht sich den Kopf über seine Geliebte: »Ah, diese ewige Abschreiberei von der Steffi geht mir wirklich schon auf die Nerven!« (9).

Gustls Vorhaben, sich mit dem Konzertbesuch musisch »zu zerstreuen« (7), ist offenbar misslungen. Zerstreuung sucht der Leutnant auch deshalb, weil er sich am Tag nach dem Konzert ein Duell mit einem Rechtsanwalt liefern will – dem er jedoch keineswegs angstvoll entgegensieht, sondern eher gespannt wie vor einem sportlichen Wettkampf: »Heut' heißt's: früh in's Bett, morgen Nachmittag frisch sein!« (10f.).

Duell am nächsten Tag

Gustls Streit mit dem Bäckermeister

Als das Konzert schließlich beendet ist, entspinnt sich im Gedränge an der Garderobe ein Dialog zwischen Gustl und dem Bäckermeister Habetswallner. Es geht darum, wem wohl der Vortritt gebührt. Der Handwerker verweigert ihm, dem Offizier, wie er glaubt, die angemessene Ehrerbietung. Der Leutnant sieht sich von dem ihm flüchtig bekannten Bäcker in die Schranken gewiesen, obwohl der ihn nur um »Geduld, Geduld!« (15) bittet. Der unbeherrschte Gustl beleidigt den Bäckermeister: »Sie, halten Sie das Maul!« (15). Zugleich begeht Habetswallner einen Tabubruch, indem er, der Kleinbürger, die Waffe, das Symbol der militärischen Ehre schlechthin, einfach festhält: »er hat den Griff von meinem Säbel in der Hand« (15). Als Höhepunkt der Auseinandersetzung nennt ihn der Bäcker gar »dummer Bub« (15) und droht ihm, er würde seinen Säbel zerbrechen und die Überreste an seinen Regimentskommandanten schicken.

Tabubruch

Gustl ist außer sich angesichts dieses Angriffs auf seine Ehre. Sein erster Gedanke, als ihm klar wird, wie ihm geschieht: »Um Gotteswillen, nur kein' Skandal« (16). Durch die Körperkraft des Bäckers, »der zufällig stärkere Fäust' hat« (20), sowie durch seine eigene Verwirrung unfähig zu reagieren, sieht Gustl seinen Beleidiger von dannen ziehen. Völlig verwirrt findet er sich schließlich auf der Straße wieder: »Um Gotteswillen, hab' ich geträumt? ... Hat er das wirklich gesagt?« (16).

Totale Verwirrung Gustls

Gustls Gedanken überschlagen sich beim Bemühen, das Geschehene einzuordnen und eine Möglichkeit zu finden, um seine beleidigte Offiziersehre wiederherzustellen. Er beginnt eine Wanderung und eine Bewusstseinsodyssee durch das nächtliche Wien, in deren Verlauf der Verstörte versucht, Klarheit zu finden. Das Problem: Sein Kontrahent ist Zivilist und damit nach militärischem Ehrenkodex nicht satisfaktionsfähig. Die Ehrenrettung kann also nicht, wie es unter Angehörigen des Offiziersstandes üblich gewesen wäre, durch Austragung eines Duells erfolgen. Gustl kommt zu dem Schluss, dass ihm »nichts anderes übrig« (19) bleibt, als sich »eine Kugel vor den Kopf« (18) zu schießen.

Selbstmord zur Ehrenrettung

Überraschendes Ende

Auf seinem Weg durch die Stadt legt der Leutnant eine Rast im Prater ein, wo er auf einer Parkbank einschläft (32). Der dreistündige traumlose Schlaf unterbricht den inneren Monolog und bildet somit eine Zäsur für die Novelle wie für ihren Protagonisten.

Novellenzäsur

Nach dem Erwachen nimmt Gustl seine Wanderung und den Fluss seiner Gedanken wieder auf. Orgelklänge und Gesang veranlassen ihn zum Besuch der Frühmesse (37 f.). Die Musik erinnert ihn jedoch an die Ereignisse des vergangenen Abends, und so verlässt er fluchtartig die Kirche. Bevor er nach Hause geht, um seinen Entschluss, sich zu töten, wahr zu machen, kehrt er aber in einem Kaffeehaus ein und erfährt dort, dass der Bäckermeister Habetswallner in der vergangenen Nacht einem Schlaganfall erlegen ist. Gustl sieht sich erlöst: »Tot ist er – tot ist er! Keiner weiß was, und nichts ist g'schehn!« (44).

Der Bäckermeister ist tot

Euphorisch schmiedet er nun Pläne für den angebrochenen Tag. Seinem für vier Uhr am Nachmittag anberaumten Duell mit dem Rechtsanwalt sieht er mit grimmiger Entschlossenheit entgegen: »… na wart', mein Lieber, wart', mein Lieber! Ich bin grad gut aufgelegt … Dich hau' ich zu Krenfleisch!« (45).

Gustls Euphorie

3. Personen

Der innere Monolog und die Personen

Die Erzählform des inneren Monologs bedingt, dass auch die weiteren Personen in der Novelle ausschließlich aus Gustls Perspektive dargestellt werden, ohne dass ein objektiver Erzähler diese knappen Personencharakterisierungen korrigieren könnte.

Leutnant Gustl

Lebenskrise

Indem der Leser Gustls Gedankenstrom folgt, erschließen sich ihm Persönlichkeit und gesellschaftliche Wirklichkeit dieses jungen Offiziers der k.u.k. Armee, der in dieser Nacht eine existenzielle Krise durchlebt, am nächsten Tag jedoch sein Leben fortsetzen wird, als sei nichts geschehen.
Arthur Schnitzler nennt den Namen des Protagonisten schon im Titel der Novelle und macht damit deutlich, welchen hohen Stellenwert diese Hauptperson einnimmt. Gleichzeitig wertet der Autor damit von vornherein den Infanterie-Leutnant ab: Der Leser erfährt nur seinen verniedlichenden Kosenamen, eben ›Gustl‹, sein richtiger Vorname lautet entweder Gustav oder August.

Kosename Gustl

Leutnant Gustl stammt aus kleinbürgerlichen Verhältnissen. Seine Familie lebt in Graz in der Steiermark. Im Verlauf der Novelle erinnert sich Gustl an wichtige Stationen

Traumatisierende Kränkungen

seines Lebens, das bereits einige Kränkungen für ihn bereithielt: Sein Vater, ein kleiner Beamter, wurde vorzeitig pensioniert, weshalb Gustl das Gymnasium verlassen musste. Wohl aus finanzieller Not – vielleicht aber auch, weil er den Anforderungen nicht gewachsen war – wurde der Junge »in die Kadettenschul' gesteckt« (12), die ihm immerhin einen bescheidenen Status als Infanterie-Offizier gewährleistet. Hätte der Junge sein Abitur machen können, wäre sein Ziel ein Studium gewesen: »Ich hätt' Ökonomie studiert, wär' zum Onkel gegangen … sie haben's ja alle wollen, wie ich noch ein Bub war« (28). Gustl hat also seine bescheidene militärische Laufbahn alles andere als freiwillig absolviert oder gar aus einer patriotischen Gesinnung heraus. Obendrein blieb ihm der Weg in die prestigeträchtige Kavallerie verwehrt, weil er sich kein Pferd leisten konnte und sein Vater ihn finanziell nicht unterstützen wollte (30).

Kadettenschule

Gustl ist kein Patriot

Diese Demütigungen sind auch mitverantwortlich für seinen Sozialneid gegenüber Vermögenden, Gebildeten und Kameraden. So sind ihm die »Einjährigen« (22), die aufgrund ihrer höheren Schulbildung nur ein statt drei Jahre zu dienen hatten, ein Dorn im Auge, weil sie seine Statusangst schüren. Die Einjährig-Freiwilligen, die am Ende ihres Wehrdienstes Reserveoffiziere waren, genossen die gleichen Privilegien wie die Berufsoffiziere: »Wir müssen uns jahrelang plagen, und so ein Kerl dient ein Jahr und hat genau dieselbe Distinktion wie wir … es ist eine Ungerechtigkeit!« (22).

Sozialneid

Trotzdem ist für Gustl das Militär sein einziger Halt.

Stolzer Offizier

Stolz berichtet er, was für ein erhebendes Gefühl es war, als er zum ersten Mal seine Uniform anzog: »Wenn ich mich so erinner', wie ich das erste Mal den Rock angehabt hab', sowas erlebt eben nicht ein jeder« (12). Gustls Status als Offizier der k.u.k.

Das Militär als Sinnvermittler

Armee dient ihm fortan als Leitfaden seines Denkens und Handelns, weil der militärische Dienst ihm ein sinnhaftes Dasein suggeriert. Er definiert sich völlig über den militärischen Ehrenkodex und wacht argwöhnisch darüber, ob andere diesen Status angemessen würdigen.

Vor allem gilt es, die Offiziersehre gegen jegliche Angriffe zu verteidigen – so auch in dieser Novelle. Wer Gustls Ehre missachtet, muss nach den Normen des Standesdenkens dafür geradestehen. Doch als der Bä-

Gustl auf dem moralischen Prüfstand

ckermeister ihn entehrt, kann er seine Ehre nur durch seinen Selbstmord wiederherstellen. Gustls Ehrenhaftigkeit steht nun auf dem Prüfstand. Wie konsequent kann und will er seine Ehre – und die seines Standes – vertreten? Vor diese Frage sieht sich der junge Leutnant in dieser Nacht gestellt und scheitert, zumal er einen Typus präsentiert, der jegliche individuellen Züge und Charaktereigenschaften vermissen lässt; er ist und bleibt ein »dummer Bub«. Sein gesamtes Selbstgespräch, aus dem die Novelle besteht, offenbart seine Hilflosigkeit in seiner Krise, der ersten existenziellen Herausforderung in seinem Leben. Das verwundert nicht: Er ist von Jugend auf indoktriniert worden zu einer Ideologie aus Nationalismus, Antisemitismus und -sozialismus sowie Militarismus, die ihn völlig beherrscht und aus der er sich nicht befreien kann. Hätte er wenigstens einen klugen und erfahrenen Menschen, einen Freund, um Rat fragen können, hätte der ihm vielleicht die Einseitigkeit, die Enge, die Verlogenheit seines Welt- und Menschenbildes erklären und ihn so zu besinnender Selbsterkenntnis, vielleicht auch zu einem stabilen Selbstvertrauen bringen können. Stattdessen kreist er hilflos in den anerzogenen Begriffen von Ehre und Mannesstolz – das Opfer einer vieljährigen Militärdressur, die er im Kreis Gleichgesinnter, also ohne Kontakt zu anderen Menschen und ohne differenzierte Denkanstöße durchlaufen musste.

Im militärischen Kontext gefangen

Gustl ist immer darauf angewiesen, sich sein Verhalten von anderen Menschen bestätigen zu lassen, weil er kein ausgeprägtes Selbstbewusstsein besitzt. Eigene Schwächen gibt er nicht zu, projiziert sie vielmehr immer auf andere Personen; selbst für seine Langeweile während des Oratoriums sucht er Schuldige: sein Kamerad Kopetzky ist zunächst dafür verantwortlich, weil er ihm die Eintrittskarte geschenkt hat, dann ist Steffi schuld, weil er ursprünglich mit ihr verabredet (8f.) war, wenig später ist sein Kamerad Ballert (9f.) der Bösewicht, weil dieser am Vorabend beim Kartenspiel Gustl 160 Gulden abgenommen hat, der deswegen für einige Zeit die Finger vom Glücksspiel lassen muss.

Projektion der eigenen Schwächen auf andere Personen

Gustls Langeweile, die ihn nicht nur im Konzert plagt, wird schon im ersten Satz der Novelle – »Wie lang wird denn das noch dauern?« (7) – als wichtiges Motiv seines Lebens thematisiert. Sie ist – unabhängig vom Oratorium – das Resultat seines monotonen Militärdienstes, der völlig ritualisiert ist und ihm keine existenzielle Erfüllung bietet. Stattdessen ergeht er sich – als Ersatzbefriedigung – in zahllosen kurzen Frauenabenteuern und in seiner Spielsucht. Auch seine Aggression, die er im Dienst nicht ausleben kann, reagiert er spontan ab, etwa an dem Bäckermeister und an dem Doktor, mit dem er sich am folgenden Tag duellieren möchte.

Ersatzbefriedigungen

Das Einzige, was Gustls Leben, der sich selbst als »ein obdachloser Lieutenant« (26) bezeichnet, noch Sinn geben könnte, wäre ein Krieg: »Etwas hätt' ich gern noch mitgemacht: einen Krieg – aber da hätt' ich lang' warten können« (31).

Krieg als Sinnstifter

Gegen einen Krieg und seinen möglichen Tod in einer Schlacht hat er nichts einzuwenden, wenn wir ihm glauben dürfen, weil er dann auf dem vermeintlichen Feld der Ehre fallen würde. Aber vor seinem Selbstmord hat er fürchterliche Angst, sie macht ihn kopflos, plötzlich bekommt er »so ein blödes Herzklopfen« (36). Gustl gelingt es kurzfristig, seine Angst zu rationalisieren: »Das wird doch nicht deswegen sein … Nein, o nein … es ist, weil ich so lang' nichts gegessen hab'.« Aber sofort ist das blanke Entsetzen wieder da: »Angst hast Du – Angst« (36).

Todesangst

Bäckermeister Habetswallner

»Dummer Bub« als Leitmotiv

Ein Schlüsselwort der Novelle, das insgesamt neunmal vorkommt, ist der »dumme Bub«, als den der Bäcker den Leutnant bezeichnet (15); was eventuell gar nicht böse, sondern eher mitleidig von ihm gemeint ist. Gustl benimmt sich in seinem anerzogenen Standesdünkel so arrogant (15) gegenüber einem lebenserfahrenen, reifen Menschen, dass dieser ihn fast väterlich als das bezeichnet, was er wirklich ist: als unreif, unerfahren, unkritisch befangen in seinem militärischen Welt- und Menschenbild.

Gustls Arroganz

Offenbar ist Habetswallner nicht nur ein Handwerker, sondern ein halbwegs musischer, für Höheres empfänglicher Mensch, weil er ein klassisches Konzert besucht. Daher verwundert es nicht, dass der Bäckermeister nach Gustls Beleidigung selbstbewusst und ruhig reagiert, im Unterschied zu seinem streitbaren und ängstlichen Widerpart (15). Habetswallner kennt den Verhaltenskodex des Militärs sehr genau, er weiß, dass Gustl ihn töten müsste, deshalb hindert er ihn unverzüglich daran, seinen Säbel zu ziehen. Der Bäckermeister möchte dem aufgebrachten Leutnant und seiner Karriere gleichwohl nicht schaden, deshalb reagiert er souverän, beinahe väterlich und fürsorglich: »So, hab'n S' keine Angst, 's hat niemand was gehört … es ist schon alles gut … so!« (16).

Kluger Bäckermeister

Habetswallners Fürsorge

Gustl dagegen ist überhaupt nicht in der Lage, Habetswallners Fürsorge zu schätzen, weil er nur auf seinen anachronistischen militärischen Ehrbegriff fixiert ist. Und am Ende der Novelle, nachdem der Bäckermeister an einem Schlaganfall verstorben ist, beleidigt der Leutnant seinen ehemaligen Gegner, indem er die von Habetswallner gebackene »Semmel«, eine Metapher für dessen souveräne bürgerliche Weltanschauung, verschlingt und

Die »Semmel« des Bäckers

den Verstorbenen voller Hohn in den Adelsstand erhebt: »Schmeckt mir ganz gut, Herr von Habetswallner! Famos!« (45).

Kopetzky

Der einzige Kamerad, der Gustl beim Militär nähersteht, ist Kopetzky. Der Leutnant erwähnt ihn in seinem Monolog fünfundzwanzigmal und hebt seinen Stellenwert hervor:

Kopetzky – ein Freund?

»Außer'm Kopetzky könnt' ich allen gestohlen werden … der Kopetzky ist doch der einzige« (29). Der Leser fragt sich sofort, was nach »der einzige« folgt? Freund? Wohl kaum, eher ein Kamerad, mit dem er seine Freizeit im Kaffeehaus und vielleicht im Bordell verbringt.

Als Gustl wieder eine Todesangst-Attacke (18f.) hat, kommt er auf den Gedanken, bei ihm Rat zu suchen: »Wie wär's, wenn ich mit dem Kopetzky spräch'? … Ja, es wär' doch das Vernünftigste« (19). Aber der Leutnant ist derart in seiner Angst befangen, dass er nicht in der Lage ist, sich ihm oder anderen Personen mitzuteilen. Gustl spielt zwar auch mit dem Gedanken, seinem Kameraden einen Brief zu schreiben, in dem er ihm »die ganze G'schicht'« (35) mitteilt, aber auch das setzt er nicht um.

Steffi und andere Frauen

Steffi, die Prostituierte

Steffi ist Gustls Geliebte, die er sich mit einem reichen und ahnungslosen Rivalen teilt. Sie ist eine Prostituierte, darauf deutet die rote Laterne (24) in ihrer Wohnung hin. Der Leutnant ist nicht in Steffi verliebt, für ihn ist sie lediglich als Sexualpartnerin von Interesse: »wenn man nur gelegentlich engagiert ist und ein anderer hat die ganzen Unannehmlichkeiten, und ich hab' nur das Vergnügen« (33f.). Gustl ist auch überhaupt nicht in der Lage, eine innige Beziehung zu Steffi, deren präzises Alter er noch nicht einmal kennt (10), aufzubauen; selbst ihr Liebhaber, der sie aushält, lässt ihn auf den ersten Blick kalt: »dann geht sie mit ›ihm‹ nach Haus … Nichts liegt mir dran, gar nichts!« (24).

Sexfixierter Liebhaber

Allerdings stört ihn, dass er sich dem Terminplan ihres Freiers, den er für einen Juden (9) hält, unterwerfen muss: »die ewige Absagerei von der Steffi« (30). Aber damit kann er leben, seine Eifersucht sucht er zu verdrängen, zumal er anscheinend sexuell von ihr abhängig ist: Sie geht ihm während des gesamten Monologs nicht aus dem Kopf, er erwähnt ihren Namen immerhin neunundzwanzigmal auf den 39 Seiten.

Eifersucht

Auch mit den vielen anderen Frauen, mit denen er Sex hatte, kann er keine stabile und vertrauensvolle Beziehung führen, er betrachtet sie vielmehr als austauschbare Ware: »Ob so ein Mensch Steffi oder Kunigunde heißt, bleibt sich gleich« (31). Er verachtet sie sogar: »Es ist doch keine was wert« (14). Womöglich hat ihn sein erstes sexuelles Erlebnis als »Bub« (27) in einem Bordell traumatisiert, er erinnert sich an seine Schamgefühle gegenüber dem Vater und seiner Schwester Klara (27).

Frauen als Ware

Sexuell traumatisiert?

Zusätzlich liegt es wohl auch an seinem geringen Gehalt und seinen Spielschulden, dass er nicht heiraten kann. Seine

Enttäuschung darüber und seine angestauten Aggressionen projiziert er dann unbewusst auf die Frauen, um sein psychisches Gleichgewicht zu bewahren.

Säbel als Phallussymbol

Definiert man in der Novelle den Säbel als Phallussymbol, so plagen den Leutnant vielleicht auch Kastrationsängste, die sein Frauenbild aggressiv verzerren: Habetswallner hat schließlich im Foyer des Musiksaals seinen Säbel ergriffen, ihn also symbolisch kastriert: »Gustl wird in dieser Situation nicht nur um die Darstellung eines Zeichens seiner Kaste gebracht, er wird symbolisch seiner Männlichkeit beraubt.«[2]

Adele hat Gustl geliebt

Einmal jedoch hat ihn eine Frau geliebt: »war doch die einzige, die Dich gern gehabt hat« (33). Adele hat in einem »G'schäft« (37) gearbeitet, sie war also keine Prostituierte. Auch scheint ihr Liebeskummer (33) nach der Trennung authentisch gewesen zu sein. Gustl kann nicht präzise sagen, weswegen er sie verlassen hat: Ist sie im zu »fad« (33) geworden, weil er sie »jeden Abend« (33) getroffen hat, oder war es die »Angst« (33), sie nicht mehr loszubekommen? Der Leutnant steht vor einem Rätsel: »Ich möcht' nur wissen, warum ich die aufgegeben hab' … so eine Eselei!« (33).

Gustls Familie

Gustl denkt in seinem Monolog immer wieder mal an seine »Mama«, seinen »Papa« und seine 28-jährige Schwester Klara. Seinen Vater erwähnt er nicht oft, weil er ihm die Schuld gibt, dass er das Gymnasium verlassen und die Kadettenschule besuchen musste, weshalb ihm eine akademische Karriere verwehrt blieb.

Die Mutter

Sobald er an seine Mutter denkt, stellt er sich vor, wie sie auf seinen Besuch (28) oder seinen Tod (28; 31; 40) reagieren würde, dabei ergeht er sich in Selbstmitleid: »Um Gotteswillen, die Mama! – Nein, nein, daran darf ich nicht denken. – Ah, nein, daran darf absolut nicht gedacht werden« (25).

Seine Schwester Klara

Seine Schwester bezeichnet Gustl als »ein so seelengutes Geschöpf« (28): Sie schreibt ihm einen lieben Brief (28), aber er bleibt ihr »noch immer die Antwort schuldig« (28), obwohl er weiß, dass sie »nie Glück« (28) im Leben hatte. Als junge Frau war Klara verlobt, aber ihre Beziehung ist gescheitert, weil ihr Vater die Mitgift nicht aufbringen konnte. Auch darum hat ihr Bruder sich »nicht viel […] gekümmert« (27), schließlich hätte er – statt Spielschulden anzuhäufen – ihre Mitgift mitfinanzieren können.

Gustl lässt Klara im Stich

Der Sohn ist nicht in der Lage, eine innige Beziehung zu seiner Familie zu unterhalten, er bleibt trotz der liebevollen Schwester distanziert. Das erkennt der Sohn auch treffsicher: »Ja, ich bin halt der Sohn, der Bruder … aber was ist denn weiter zwischen uns?« (34).

Gustls reicher Onkel

Seinen Onkel, einen vermögenden Landwirt, sieht er nur als Geldgeber an, der ihn gefälligst finanziell zu unterstützen hat, damit er seine Spielschulden bezahlen kann. Noch lieber wäre es ihm allerdings, wenn er von ihm »eine regelmäßige Sustentation« (10) bekäme, weil er mit seinem Sold nicht auskommt.

Personenkonstellation

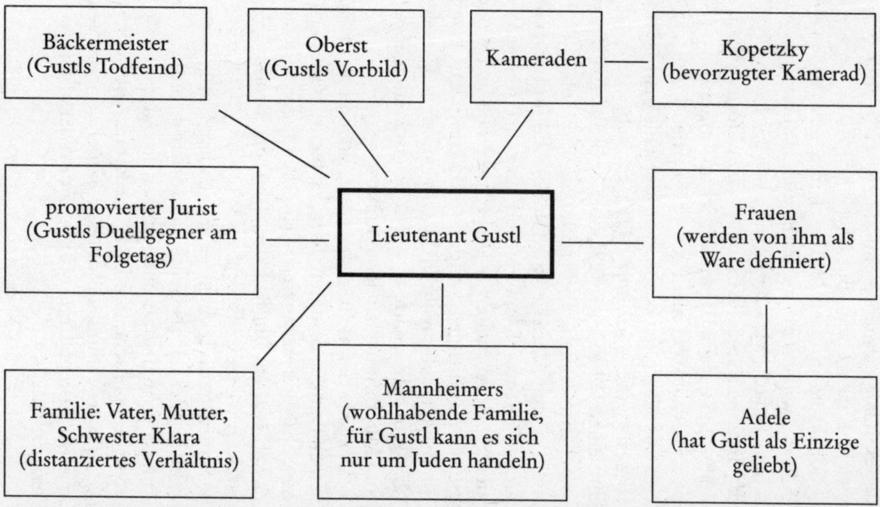

4. Werkaufbau

Zeitstruktur

Monolog über acht Stunden

Gustls Odyssee spielt sich am 4. April 1900 innerhalb von rund acht Stunden ab: von 21.45 Uhr bis ungefähr 5.45 Uhr. Im Verlauf seines Monologes erwähnt der Leutnant mehrmals die Uhrzeit, so ermöglicht er dem Leser die objektive zeitliche Orientierung.

Subjektive versus objektive Zeit

Die subjektive Zeit, die Gustl indes erlebt, dehnt sich zuweilen. Als er sich während des Oratoriums langweilt, kommt es ihm so vor, als ob er »schon drei Stunden in dem Konzert« (7) sitzt. Seine Todesangst verlangsamt sein Zeitempfinden signifikant. Zwei Stunden nach der Auseinandersetzung mit dem Bäckermeister stellt er erstaunt fest: »Es ist grad, als wenn hundert Jahr' seitdem vergangen wären« (29).

Als Gustl schließlich im Kaffeehaus erfährt, dass der Bäckermeister in der Nacht verstorben ist, normalisiert sich sein Zeitempfinden, weil er überglücklich und frei von quälenden Todesängsten ist. Nun diktiert ihm das Militär die objektive Zeit wieder vor, er fühlt sich jetzt endlich wieder geborgen. Sein Zeitplan gibt ihm Sicherheit: »In einer Viertelstund' geh' ich hinüber in die Kasern' […] um halb acht sind die Gewehrgriff', und um halb Zehn ist Exerzieren« (45).

Raumstruktur

Die Novelle ist in zwei Teile aufgeteilt, die auch den räumlichen Verhältnissen entsprechen:

1. Die Handlung beginnt in einem Wiener Konzerthaus, in einem kulturellen Raum, in dem sich Gustl alles andere als wohlfühlt. Im Foyer kommt es schließlich zur Auseinandersetzung mit dem Bäckermeister. Danach marschiert Gustl durch die Stadt, von der Ringstraße über die Aspernbrücke, die Praterstraße und die Praterallee. Im menschenleeren Prater – der im Kontrast zu dem gefüllten Konzertsaal steht – setzt er sich auf eine Bank und schläft ein (32).

Weg in die Einsamkeit

2. Als er aufwacht, macht er sich auf den Weg in die Innenstadt. Als erstes fällt sein Blick – um »Halb vier« (34) – auf den Nordbahnhof. In seiner Nähe steht die Tegetthoffsäule, die zu Ehren des Admirals Wilhelm Tegetthoff (1827–1871) errichtet wurde. Gustl schaut sich ehrfurchtsvoll dieses militärische Vorbild an: »so lang hat sie noch nie ausg'schaut« (34). Danach geht der Leutnant in eine Kirche (vielleicht der Stephansdom), dann führt ihn sein Weg in Richtung Burghof und über die Ringstraße, bis er schließlich in seinem Stamm-Kaffeehaus, also wieder in der Gesellschaft, ankommt, wo er sich heimisch fühlt. – Der Bäckermeister übrigens auch, der dort bis zu seinem unerwarteten Tod zwanzig Jahre lang »jeden Nachmittag neben die Herren Offiziere seine Tarokpartie« (43) gespielt hat.

Rückweg in die Innenstadt

Novelle

Arthur Schnitzler bezeichnet *Lieutenant Gustl* als Novelle; die formalen Aspekte dieser literarischen Gattung haben auch Einfluss auf den Aufbau des Textes. Die Entstehung dieser Gattung fällt in die italienische Frührenaissance. Der Begriff wird von dem italienischen Wort *novella*, ›Neuigkeit‹, abgeleitet. Als bedeutendster Mitbegründer dieser literarischen Form gilt Giovanni Boccaccio (1313–1375), seine Novellensammlung *Il Decamerone* wurde gattungsprägend.

Gattungsmerkmale der Novelle

Seit langem diskutiert die Forschung, wie die Novelle zu definieren sei. Einige der wichtigsten Merkmale, die wir auch im *Lieutenant Gustl* finden, seien erwähnt.
Zunächst handelt es sich bei einer Novelle um eine kurze Erzählung in Prosa. Im Unterschied zum Roman finden wir in der Novelle in der Regel nur einen Handlungsstrang, der in sich abgeschlossen ist: In *Lieutenant Gustl* dreht sich alles um die verlorene Ehre des Protagonisten und seine letzten Stunden vor dem geplanten Selbstmord.

Zu Recht hat Theodor Storm (1817–1888) die Novelle als »Schwester des Dramas« bezeichnet. Dramengleich ist schon der Aufbau von Schnitzlers Text: Er beginnt mit einer Exposition, sie beschreibt Gustls Charakter und stellt Motive vor – wie zum Beispiel Langeweile, Ehre, Duell, Frauenaffären –, die sich durch die komplette Handlung ziehen. Dann steigert sich die Handlung durch die Auseinandersetzung mit dem Bäckermeister und gipfelt im Höhepunkt (Klimax), mit Gustls Krise um Mitternacht. Der Wende-

»Schwester des Dramas«

punkt (Peripetie), der plötzliche Tod des Bäckermeisters, fällt ironischerweise auf die gleiche Uhrzeit: »um zwölf der Schlag getroffen« (43). Die fallende Handlung leitet der traumlose Schlaf Gustls ein und setzt sich mit seiner Rückkehr in die Stadt fort. Lediglich das Ende – im Drama kommt es hier in der Regel zur Katastrophe – verläuft für den Leutnant in überraschender Weise friedlich.

Leit- oder Dingsymbol

Häufig findet man in der Novelle ein Leit- oder Dingsymbol, das sich durch die ganze Erzählung zieht. Leitmotive sind hier vor allem Gustls verlorene Ehre, der geplante Selbstmord und der »dumme Bub«. Das zentrale Dingsymbol ist der Säbel des Leutnants, der seine Standesehre symbolisiert.

Werkaufbau

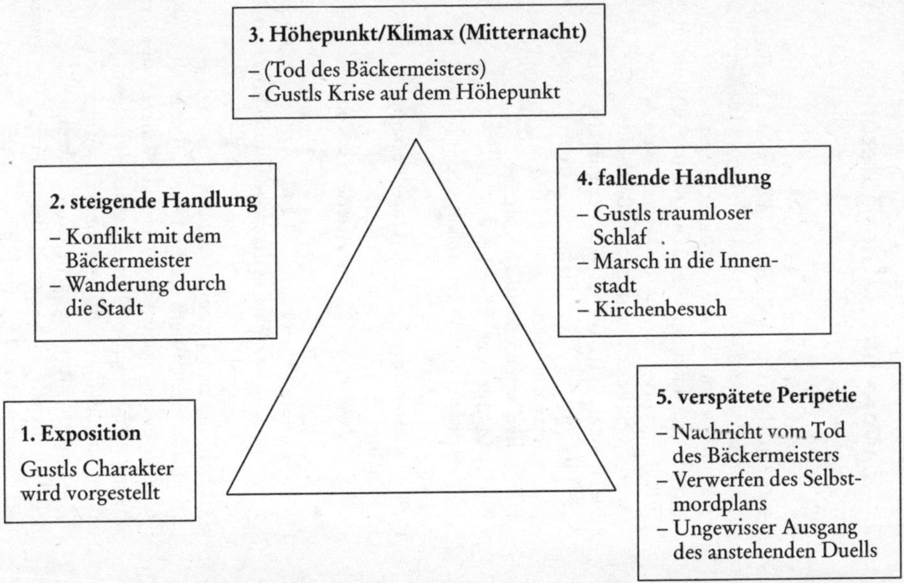
3. Höhepunkt/Klimax (Mitternacht)
– (Tod des Bäckermeisters)
– Gustls Krise auf dem Höhepunkt
2. steigende Handlung
– Konflikt mit dem Bäckermeister
– Wanderung durch die Stadt
4. fallende Handlung
– Gustls traumloser Schlaf
– Marsch in die Innenstadt
– Kirchenbesuch
1. Exposition
Gustls Charakter wird vorgestellt
5. verspätete Peripetie
– Nachricht vom Tod des Bäckermeisters
– Verwerfen des Selbstmordplans
– Ungewisser Ausgang des anstehenden Duells

5. Wort- und Sacherläuterungen[3]

7,5 f. **viertel auf Zehn:** 21.45 Uhr.

7,9 **Oratorium:** mehrteilige kirchenmusikalische Vertonung einer meist religiösen Handlung. Das Konzert fand vermutlich im Wiener Musikvereinssaal statt. Auf dem Programm stand am Handlungstag der Novelle (4. April 1900) *Paulus – Oratorium nach Worten der heiligen Schrift* von Felix Mendelssohn-Bartholdy.

8,5 f. **Traviata:** »La Traviata«, Oper von Giuseppe Verdi.

8,25 **Virginia:** dünne und lange Zigarre mit Mundstück.

8,34 f. **vorlamentieren:** vorjammern.

9,1 **Abschreiberei:** schriftliche Absagen.

9,7 **nachtmahlen:** zu Abend essen.

9,17 **Antisemitismus:** Feindschaft gegen Juden.

9,31 **gegiftet:** geärgert.

10,9 **Sustentation:** finanzielle Unterstützung.

10,34 **Ring:** Wiener Prachtstraße.

11,13 **Landwehr:** seit 1807 stehendes Nationalheer als Reserve.

11,22 **Chinesen:** 1899 brach in China – angezettelt von einer chinesischen Sekte – der sogenannte Boxeraufstand aus.

11,22 f. **Blödisten:** dumme Zivilisten.

12,11 **Kadettenschulen:** sie bildeten junge Männer – wie Gustl – auch aus dem kleinen und mittleren Bürgertum zu mittelständischen Offizieren aus, die allerdings gegenüber dem adeligen Offizierskorps als zweitklassig galten.

12,23 **Stockschnupfen:** hartnäckiger Schnupfen.

13,4 **Tintenfisch:** abwertende Bezeichnung für Vertreter schreibender Berufe, etwa Journalisten.

13,10 **»Ihr, seine Engel, lobet den Herrn«:** Schlussvers des Schlusschors von Mendelssohns Oratorium (siehe 7,9).

16,26 **stande pede:** (lat.) sofort.

17,1 **Sechserl:** Silbermünze.

18,4 **Tapper:** skatähnliches Kartenspiel.

18,15 **quittieren:** den Dienst aufgeben.

18,16 f. **Freiwillige:** Wehrpflichtige, die wegen ihrer höheren Schulbildung nur ein Jahr – statt drei – in der Armee zu dienen hatten, sofern sie sich freiwillig meldeten.

19,9 **satisfaktionsunfähig:** nicht duellfähig.

19,14 **Ehrenrat:** Kommission, die sich aus Offizieren zusammensetzte. Sie wahrten die Ehre des Offiziersstandes und gingen gegen Mitglieder vor, die diese verletzten.

19,27 **das Mensch:** abwertend für junge Frau.

19,34 **Beisl:** volkstümliche Gaststätte.

20,33 **Mandat:** Kopetzky und Blany haben von Gustl die Vollmacht bekommen, bei dem anstehenden Duell seine Sekundanten zu sein.

21,23 **Fleischselcher:** Mann, der Fleisch räuchert.

21,29 f. **Punktum und Streusand drauf:** Metapher für den endgültigen Abschluss einer Angelegenheit.

22,8 f. **Jagendorfer:** berühmter Ringkämpfer.

22,24 f. **Distinktion:** Stand.

22,27 **Gemeiner:** Soldat ohne Offiziersrang.

23,10 f. **Armee-Steeple-Chase:** Pferderennen über künstliche und natürliche Hindernisse.

23,15 **Person:** Prostituierte.

23,19 **Przemysl:** Garnisonsstadt an der Ostgrenze des Habsburgerreiches.

23,23 **Sambor:** galizische Kreisstadt.

24,25 f. **roten Latern:** rote Laternen gehören zur Ausstattung von Bordellen.

25,5 **Prater:** Park mit Vergnügungsplatz in Wien.
25,23 **schier:** fast.
25,34 **Pflanz:** Lüge, Wichtigtuerei.
26,22 **Kappl:** Mütze, Kappe.
27,4 **Leich':** Begräbnis.
27,6 **Kombattanten:** Duellgegner.
27,13 **Kour machen:** umschmeicheln.
27,27 **Graz:** österreichische Stadt im heutigen Bundesland Steiermark.
27,34–28,1 **Hascherl:** bedauernswertes Kind.
29,33 **Burschen:** Offiziersdiener.
30,8 **Karenz der Gebühren:** Verzicht auf die Besoldung.
30,12 **Gummiradler:** Kutsche mit gummibereiften Rädern.
30,15 **Zeug'l:** Kutsche.
31,32 f. **Lohengrin:** romantische Oper von Richard Wagner.
32,10 **Fischamend:** Ort in Niederösterreich, in dessen Nähe ein militärischer Truppenübungsplatz lag. Fischamend verwendet Gustl hier als Kraftausdruck in Analogie zu ›Sakrament!‹
33,2 **Krampen:** Gaul, mageres Pferd.
33,5 **Veigerln:** Veilchen (Blume).
33,6 **Schubiak:** Lump, niederträchtige Person.
33,30 **Raunzen:** weinerliche Person.
34,5 **dann wär' Rest:** dann wäre es zu Ende.
35,7 **Melange:** Milchkaffee.
Kipfel: Gebäck (Hörnchen).
35,9 **dem wird der Knopf aufgehn:** der wird endlich begreifen.
35,12 f. **insultiert:** beleidigt.
35,13 **Fallot:** Betrüger, Gauner.

35,34 **Vierundvierziger:** 44. Ungarisches Infanterieregiment.
36,20 **Zug:** militärische Bezeichnung für eine Untereinheit von zwölf bis sechzig Soldaten.
36,22 **Schneid:** Mut.
36,25 **Komfortabelkutscher:** Kutscher einer einspännigen Mietkutsche.
36,28 **Kontenance:** Haltung.
37,7 **Nachtkastelladel:** Schublade des Nachttischchens.
37,13 **Modistin:** Hutmacherin.
37,18 f. **Jänner:** Januar.
37,20 **Zuckerln:** Bonbons.
37,25 **Was mir das schon aufliegt:** was mich das schon kümmert.
37,28 **Makulatur:** Abfall.
37,33 **Feber:** Februar.
39,14 **Krempel:** Kram.
39,28 **Chargen:** Unteroffiziere und Offiziere.
39,28 f. **Britannikas:** Zigarren.
39,31 **Rapport:** dienstliche Meldung, Bericht.
40,1 **Bosniaken:** abwertende Bezeichnung für Soldaten eines Regimentes aus Bosnien-Herzegowina.
40,31 **es hat's mir ja keiner g'schafft:** mir hat es ja keiner befohlen.
41,19 **Kaution:** Jeder Leutnant, der heiraten wollte, musste eine Kaution, einen bestimmten Geldbetrag, hinterlegen. Dieser musste dann von der Braut als Mitgift in die Ehe eingebracht werden.
42,16 **Tarok:** Kartenspiel.
42,21 **schlieft schnell in den Frack hinein:** schlüpft schnell in den Frack hinein.
44,7 **Bussel:** Kuss.

45,2 **Feuerburschen:** Arbeiter, der in Gasthöfen die Öfen befeuert.

45,8 **Semmel einbrock':** Semmel in den Kaffee eintauchen.

45,15 **Trabucco:** Zigarre.

45,22 **wenn's Graz gilt:** um jeden Preis, auch wenn alles auf dem Spiel steht.

45,25 **Krenfleisch:** kleingeschnittenes Rindfleisch mit Meerrettichsoße.

6. Interpretation

Die Novelle *Lieutenant Gustl* lässt sich unter mehreren Blickwinkeln interpretieren; die wichtigsten werden hier vorgestellt.

Duell und Ehre

Für den heutigen Leser ist die Verletzung von Gustls Ehre durch den Bäckermeister mit den daraus folgenden Konsequenzen durchaus befremdlich. Zu Schnitzlers Zeit dagegen gehörten sie zum Alltag, auch in seinem Freundeskreis kam es zu Duellen.

Duellwesen

In Europa wurden Duelle seit dem ausgehenden 15. Jahrhundert ausgetragen. Auslöser für ein Duell war die Beleidigung der Mannesehre, etwa in Form einer verbalen Herabsetzung, einer üblen Nachrede oder eines tätlichen Angriffs. Eine Beleidigung konnte, wenn der Gegner sich nicht dafür entschuldigte, nur durch ein Duell aus der Welt geschafft werden, um Genugtuung (Satisfaktion) zu erhalten. Dabei war der Ausgang des Duells völlig egal, beide Personen, ob tot, verletzt oder unversehrt, erhielten mit der Durchführung des Duells ihre Ehre wieder. Wenn aber ein Gegner das Duell verweigerte – was ihm laut Standesehre nicht gestattet war –, verlor er seine Satisfaktionsfähigkeit und galt damit als gesellschaftlich geächtet; denn er hatte nicht nur seine persönliche Ehre, sondern auch die seines Standes verletzt.

Das Duellwesen ging einher mit einem elitären Standes-

Absicherung des Standes

denken, durch das sich bestimmte Kreise der Gesellschaft gegenüber den unteren Schichten – wie etwa Handwerkern – abgrenzten. Duelle durften nur von satisfaktionsfähigen Personen, von Offizieren, Adeligen, Akademikern und auch Studenten, ausgetragen werden. Im 19. Jahrhundert erweiterte sich der Kreis der duellfähigen Personen um Bürgerliche aus der gehobenen Gesellschaft, weil ihr finanzieller Einfluss ihnen erhebliche Macht eingebracht hatte.

Ehre der k. u. k. Offiziere

Die Offiziere der k. u. k. Armee hatten einen ausgesprochen strengen Ehrbegriff, nicht zuletzt weil das Offizierskorps maßgeblich aus Adeligen bestand. Offiziere, die ein Duell verweigerten, mussten sogar mit ihrer unehrenhaften Entlassung aus der Armee rechnen. In Österreich-Ungarn verbot Kaiser Karl I. im November 1917 das archaische Duellwesen.

Gustls Ehren-Dilemma

Der Bäckermeister verletzt nach dem Konzert Gustls Ehre, weil er ihn beschimpft, seinen Säbel festhält und ihm sogar droht, das Symbol seines Standes zu zerbrechen und an sein Regimentskommando (15) zu schicken. Da Habetswallner als Handwerker nicht satisfaktionsfähig ist, hätte Gustl nur eine Möglichkeit gehabt, seine Ehre wiederherzustellen: Er hätte seinen Gegner sofort töten müssen; die sogenannte »Ehrennotwehr« hätte ihm das zumindest im Kontext des Militärs gestattet, nicht aber im Rahmen der geltenden Rechtsordnung. Aber da der

Der Bäckermeister ist nicht satisfaktionsfähig

Bäcker seinen Säbel fest im Griff hat, kann er ihn nicht angreifen. Der Leutnant ist sich darüber im Klaren, dass er aus Notwehr handeln könnte: »Ich müsst' ja den Säbel ziehen und ihn zusammenhauen« (16).

Gustl ist wehrlos gegenüber dem Bäcker

Als Habetswallner ihm den Säbel überlässt, hätte er ihn töten können, aber da Gustl zu sehr mit dem Gedanken beschäftigt ist, ob die anderen Konzertbesucher von diesem Skandal etwas mitbekommen haben, kann er nicht seinen Mann stehen. Mehrmals taucht die Frage – in Varianten – auf: »es hat's doch keiner gehört?« (15). Obendrein ist der Offizier, im Unterschied zum Bäcker, hochgradig nervös – von einem gestandenen Militär sollte man ein anderes Verhalten erwarten. Stattdessen rennt er, nachdem der Bäcker das Gebäude verlassen hat, kopflos auf die Straße und wundert sich, wie er dorthin gekommen ist (17). Obendrein ergeht er sich in Selbstmitleid und rationalisiert sein Versagen zu seinen Gunsten: »das ist doch zum Teufelholen … ganz wehrlos sind wir gegen die Zivilisten« (20). Aber er weiß natürlich, dass er nach dem Vorfall im Foyer entehrt ist: »ich bin satisfaktionsunfähig« (19).

Vor diesem Hintergrund steht Gustl nun vor vier Handlungsmöglichkeiten. Er könnte zu seinem Oberst gehen und ihm den Vorfall schildern; der könnte ihm aber nur eine Antwort geben: Gustl würde unehrenhaft aus dem Dienst entlassen werden: »Aber da giebt's ja nur eins: quittieren mit Schimpf und Schand' – quittieren!« (18).

Vier Handlungsalternativen

Er spielt auch kurz mit dem Gedanken, nach Amerika (29) zu flüchten, weil er ihn dort keiner kennt, aber er sieht ein, dass diese Idee »Unsinn« (31) ist, weil er »ja viel zu dumm [ist], um was anderes anzufangen« (31).

Der Leutnant könnte seinen Ehrverlust auch verschweigen und im Dienst bleiben und darauf hoffen, dass der Bäcker sein Geheimnis für sich behält (17 f.). Gustl aber kann das zu diesem Zeitpunkt nicht mit seinem militärisch konditionierten Gewissen vereinbaren: »*Ich* weiß es doch, und das ist die Hauptsache!« (19). Auch als er sich vorstellt, der Bäcker könnte in der Nacht vom »Schlag« (21) getroffen werden, bleibt er doch bei seiner Meinung, er wäre »nicht der Mensch, der weiter den Rock trägt und den Säbel, wenn ein solcher Schimpf auf ihm sitzt!« (21).

Fantasie vom Schlaganfall

Der Leutnant kann seine Ehre nur retten, wenn er sich umbringt, denn er muss immer damit rechnen, dass andere Personen von seinem »Schimpf« erfahren: »Wenn's ein Mensch gehört hätt', so müsst' ich mich ja stante pede erschießen« (16). Gustl ist einem archaischen Ehrbegriff ausgeliefert, der wegen einer Lappalie allen Ernstes den Selbstmord verlangt. In dieser Absurdität liegt die Kritik, die der Text am Duellwesen übt.

Absurdität des Duellwesens

Dem Leutnant kommt, als er in das Kaffeehaus eintritt, gleichsam ein *deus ex machina* zu Hilfe. Dort berichtet ihm nämlich der Kellner vom Tod des Bäckermeisters, der in der Nacht an einem Schlaganfall gestorben ist. Diesen dramaturgisch unglaubwürdigen Schluss, der einen puren Glückszufall bemüht, mag man vielleicht als allzu dürftig bemängeln. Aber dem Autor ging es eben nicht um eine plausible dramatische Klimax, sondern einzig um die inneren Vorgänge im Bewusstsein seines ›Helden‹, um die Genese seines Entschlusses zum Freitod und die Offenlegung seines brüchigen und verlogenen Ehrbegriffs. Gustl distanziert

Deus ex machina

sich sofort von seinem Selbstmordplan: »Keiner weiß was, und nichts ist g'schehn!« (44). Obendrein schwärmt er von seinem »Mordsglück« (44), weil er in das Kaffeehaus eingekehrt ist: »sonst hätt' ich mich ja ganz umsonst erschossen« (44). Damit hat der Leutnant den Ehrbegriff *ad absurdum* geführt, die Ehre der k.u.k. Armee bedeutet ihm nichts: Sobald es um sein Leben geht, erweist sie sich als leere Phrase; das gilt auch für seine Gewissenskonflikte, die alles andere als authentisch sind.

Gustl hat »Mordsglück«

Auch dass er dem Duell am »Nachmittag um vier« (45), bei dem es immerhin um Leben und Tod geht, so leichtfertig entgegensieht, offenbart seine Unterminierung des Ehrbegriffs. Auch wenn der Bäckermeister tot ist, so bleibt die Tatsache bestehen, dass Gustl sich nach den Regeln des militärischen Ehrenkodex nicht mehr duellieren darf, weil die Demütigung des Kontrahenten ungesühnt bleibt: »und ich darf's ja nimmer, ich bin satisfaktionsunfähig« (19). Aber voller Elan freut er sich auf höchst aggressive Weise auf das bevorstehende Duell mit dem Rechtsanwalt: »Ich bin grad gut aufgelegt … Dich hau' ich zu Krenfleisch!« (45).

Unterminierung des Ehrbegriffs

Leutnant Gustl wird bei diesem Duell nicht die Offiziersehre, wie er glaubt, verteidigen, er agiert vielmehr aus einem Minderwertigkeitsgefühl heraus. Nur vordergründig ist Gustl von der Aussage seines Duellpartners, des Doktors, beleidigt: »Sie werden mir doch zugeben, dass nicht alle Ihre Kameraden zum Militär gegangen sind, ausschließlich um das Vaterland zu verteidigen!« (12). Reflexartig – in militärischer Manier – wehrt sich der Leutnant gegen diese unpatriotische, aber realistische Äußerung. Gustl, der ohnehin

Minderwertigkeitsgefühl

kein ausgeprägtes Selbstbewusstsein besitzt, fühlt sich ertappt und entlarvt: »Der Doktor hat das absolut in dem Ton gesagt, als wenn er direkt mich gemeint hätt'« (12). Der Leutnant selbst ist es schließlich, der sich im gleichen Atemzug ein weiteres Mal verrät, als er auf sein Trauma anspielt, das ihn zu einer Militärlaufbahn gezwungen hat: »Er hätt' nur noch sagen müssen, dass sie mich aus dem Gymnasium hinausg'schmissen haben und dass ich deswegen in die Kadettenschul' gesteckt worden bin« (12).

Antisemitismus

Waidhofener Beschlüsse

Der Antisemitismus war auch im Offizierskorps Österreich-Ungarns verbreitet – Leutnant Gustl macht da keine Ausnahme. Der Antisemitismus gipfelte für die jüdischen Studenten 1896 in den »Waidhofener Beschlüssen«, die ihnen jegliche Ehre absprachen: Weil man Juden nicht beleidigen könne, galten sie als satisfaktionsunfähig. Die jüdische Bevölkerung war entsetzt, weniger wegen der Duellverweigerung, sondern weil sie von nun ab von Geburt an als ehrlos galten.

Ungebildeter Antisemit

Leutnant Gustl liegt daher mit seiner antisemitischen Einstellung mehr oder weniger gesellschaftskonform: »Es ist doch fabelhaft, da sind auch die Hälfte Juden … nicht einmal ein Oratorium kann man mehr in Ruhe genießen« (14). Auffällig ist hier auch die Ironie des Autors, mit der er den Leutnant bloßstellt, denn dieser genießt das Konzert nicht, den »Schlusschor« dagegen findet er »Wunderschön« (13). Hätte der ungebildete Gustl gewusst, dass der Komponist des Oratoriums der jüdische Komponist Felix Mendelssohn-Bartholdy war, wäre sein Lob sicherlich anders ausgefallen.

Gustls Antisemitismus speist sich auch – wie bei vielen seiner Kameraden – aus seiner Statusangst gegenüber den Einjährig-Freiwilligen, weil er um den Verlust seines mehr oder weniger elitären Standes fürchtet: »die Prestigeeinbuße der Berufsoffiziere gegenüber den Reserveoffizieren mußte um so größer sein, je häufiger es (was selten genug vorkam) Juden gelang, auf diesem Weg ein Offizierspatent zu erwerben.«[4] Der Sozialneid gegenüber vermögenden Juden, die sich ja auch als Reserveoffiziere ›einkaufen‹ konnten, spielt im Kontext seines Antisemitismus auch eine Rolle: »Na ja, wer hat's Geld?« (9).

Angst um eigenes Prestige

Gustl projiziert seinen Antisemitismus auch auf seine ungeliebten Zeitgenossen, so zum Beispiel auf den wohlhabenden Freier Steffis. Der Offizier ist enttäuscht, weil dieser von seiner Geliebten vorgezogen wird, daher muss er ein Jude sein: »Muss übrigens ein Jud' sein! Freilich, in einer Bank ist er, und der schwarze Schnurrbart« (9).

Antisemitische Projektion

Religion

Gustl wertet schon auf der ersten Seite der Novelle die Religion ab: »Die Kirche hat auch das Gute, dass man jeden Augenblick fortgehen kann« (7). Ironischerweise wacht der ungläubige Leutnant bei einem militärischen Kirchenbesuch über die vermeintliche Frömmigkeit seiner Soldaten: »ich hab' auf meine Leut' aufgepasst, ob sie andächtig sind« (38). Als er vom Prater in Richtung Innenstadt marschiert, geht er in eine Kirche, denn »am End' ist doch was dran« (38) und seiner »Mama wär's ein Trost« (38). Hier zeigt er kurz Gefühle, er möchte weinen: »Am liebsten läg' ich da auf dem Steinboden und tät' heulen« (38). Aber der außengesteuerte Gustl reißt sich zusammen, denn so was »darf man nicht tun!« (38).

Gefühlsanwandlung in der Kirche

Plötzlich vernimmt der Leutnant eine »Melodie«, es ist dieselbe, die er am Vorabend im Konzert gehört hat; sie stammt aus *Paulus – Oratorium nach Worten der heiligen Schrift*. In diesem Stück thematisiert Mendelssohn die Wandlung des Saulus zum Paulus, des Pharisäers zum Apostel. Der Eingangschor des Oratoriums ruft zur Wandlung auf: »Wachet auf, ruft uns die Stimme«. Paulus ist die Wandlung gelungen, aber Gustl nicht, er ist unfähig, sich zu verändern.

Vom Saulus (nicht) zum Paulus

7. Autor und Zeit

Schnitzlers Leben in tabellarischer Übersicht

1862 15. Mai: Arthur Schnitzler wird als Sohn des Medizin-Professors Johann Schnitzler und Louise Schnitzler in Wien geboren.

1871–1879 Besuch des Akademischen Gymnasiums. Abschluss mit der Reifeprüfung.

1879 Beginn des Medizinstudiums in Wien.

1880 Schnitzlers erste Veröffentlichung, *Liebeslied der Ballerine*, erscheint.

1882 Am 1. Oktober tritt Schnitzler seinen militärischen Dienst als Einjährig-Freiwilliger in einem Garnisonsspital in Wien an.

1885 Schnitzler erlangt den medizinischen Doktortitel. Ab September arbeitet er als Assistenzarzt in der Poliklinik und im Allgemeinen Krankenhaus.

1886 1. November: Schnitzler arbeitet als Arzt in der Psychiatrie. Er veröffentlicht Gedichte, Aphorismen und Skizzen.

1887–1894 Redakteur bei der *Internationalen Klinischen Rundschau*.

1888 Schnitzler assistiert seinem Vater, der als Direktor an der Allgemeinen Wiener Poliklinik arbeitet.

1890 Schnitzler lernt den Dichter Hugo von Hofmannsthal kennen und tritt in Kontakt mit Literatenzirkeln.

1893 Schnitzler eröffnet nach dem Tod seiners Vaters eine Privatpraxis und verlässt die Poliklinik. Er schränkt seine Arbeit als Arzt zwar wegen seiner literarischen Tätigkeit nach und nach ein, gibt sie aber nicht auf.

1891–1930 Schnitzler verfasst zahlreiche erfolgreiche Dramen und Komödien, die unter anderem psychologische und sozialkritische Aspekte behandeln.

1895 Schnitzler wird mit der erfolgreichen Buchausgabe von *Die drei Elixiere, Sterben* als Erzähler im deutschsprachigen Raum bekannt.

1899 Für seine dramatischen Werke und Novellen erhält Schnitzler den Bauernfeld-Preis.

1900 Am 25. Dezember erscheint *Lieutenant Gustl* in der Zeitschrift *Neue Freie Presse*.

1901 Schnitzler wird am 14. Juni wegen des *Lieutenant Gustl* sein Offiziersrang abgesprochen: Die Militärkreise empfinden die Novelle als Provokation gegen den eigenen Stand.

1903 Am 26. August heiratet Schnitzler die Schauspielerin Olga Gussmann.

1909 13. September: Geburt der Tochter Lili.

1911 Schnitzlers Mutter stirbt am 9. September.

1921 Ehescheidung am 26. Juni.

1922 Schnitzler trifft sich mit Sigmund Freud, dem Begründer der Psychoanalyse, zu einem längeren Gespräch.

1923 Präsidentschaft des österreichischen PEN-Clubs, einer Schriftstellervereinigung.

1926 Im Dezember letztes Treffen mit Freud.

1928 Schnitzlers Tochter Lili begeht am 26. Juli Selbstmord.

1931 Schnitzler stirbt am 21. Oktober.

Arthur Schnitzler in Militäruniform
(Fotografie von 1882)

Die k.u.k. Doppelmonarchie Österreich-Ungarn und das Fin de siècle

Die Doppelmonarchie von Österreich und Ungarn erstreckte sich über den Zeitraum von 1867 bis 1918; sie endete nach dem Ersten Weltkrieg mit dem Austritt Ungarns. Die Union beider Länder und ihre gemeinsamen Institutionen, wie etwa die Armee und die Post, bezeichnete man als k.u.k. (kaiserlich und königlich). Das erste »k.« steht für den Titel Kaiser von Österreich, das zweite für den Apostolischen König von Ungarn. Beide Titel trug der Monarch der Realunion, Franz Joseph I., der von 1867 bis zu seinem Tod 1916 herrschte.

k.u.k. Monarchie

Die mächtige Doppelmonarchie war nach Russland und dem Deutschen Reich von den Bevölkerungszahlen her der drittgrößte europäische Staat. Ab 1878 verwaltete die Monarchie noch die Länder Bosnien und Herzegowina, die sie schließlich 1908 annektierte.

Vielvölkerstaat

Es blieb nicht aus, dass es in diesem Vielvölkerstaat immer wieder zu Spannungen kam. In einer Zeit, in der das nationale Bewusstsein vieler Länder erstarkte, sollte die Doppelmonarchie nicht mehr lange Bestand haben.

Die Spannungen in der Doppelmonarchie registrierten auch ihre führenden Schriftsteller – wie etwa Robert Musil, Hermann Broch, Karl Kraus, Hugo von Hofmannsthal und Arthur Schnitzler – regelrecht seismografisch in ihren Werken. Sie beschrieben vor dem Ersten Weltkrieg die ausgehende Epoche in all ihren Facetten: Sie thematisieren Endzeitstimmung, Zukunftsängste, aber auch -euphorie, Vergänglichkeit, Frivolität, Weltschmerz und den Menschen als

Masse. Im Windschatten von Charles Baudelaire und Friedrich Nietzsche spielte die Dekadenz, also der Verfall der kulturellen Werte, eine bedeutende Rolle, weil sie der avantgardistischen Kunst den Weg ebnete.

Dekadenz

Diese Stimmungen und Befindlichkeiten zeichnen das sogenannte Fin de siècle aus. Diese Bezeichnung taucht zum ersten Mal 1886 in der Zeitschrift *Le Décadent* auf, und 1891 veröffentlicht Hermann Bahr, der theoretische Kopf der Wiener Moderne, seine Novelle *Fin de siècle*. Sie präsentierte eine künstlerische Gegenkultur zu der durchrationalisierten Lebenswelt der Großstädte, die auch gegen die konservativen Bürger opponierte, indem sie einem Ästhetizismus frönte, der vom Dandy, Snob, der Femme fatale und der Boheme geprägt wurde. Im Mittelpunkt stand eine radikale Ich-Bezogenheit, die von Künstlern ästhetisch perfektioniert wurde; dabei spielte – wie etwa bei Baudelaire – der rauschhafte Lebensgenuss eine bedeutende Rolle.

Fin de siècle

Das *Fin de siècle* war nur eine kurze literarische Epoche, auch weil der Vielvölkerstaat, die Doppelmonarchie, kollabierte, als der designierte Nachfolger von Franz Joseph I., der Erzherzog Franz Ferdinand, der den Ländern mehr Selbstbestimmung zugestehen wollte, am 26. Juni 1914 in Sarajevo (Serbien) einem Attentat zum Opfer fiel. Schließlich begann am 28. Juli 1914 mit der Kriegserklärung der Doppelmonarchie an Serbien der Erste Weltkrieg.

Ende der Doppelmonarchie

Wiener Moderne (1890–1910)

Arthur Schnitzlers frühes Schaffen wird in die sogenannte Wiener Moderne eingeordnet. Die Vertreter dieser literarischen Strömung waren nicht nur in Wien tätig, sondern auch in Berlin, München und Prag. In Wien war das Café Griensteidl ihr zentraler Treffpunkt. Hier tauschten Schnitzler, Hugo von Hofmannsthal, Richard Beer-Hofmann, Hermann Bahr und Peter Altenberg ihre Gedanken aus. Diese Künstler wendeten sich gegen den Naturalismus, schon 1891 erschien Bahrs Text *Überwindung des Naturalismus*.

»Überwindung des Naturalismus«

Der Naturalismus weitete sich im letzten Drittel des 19. Jahrhunderts zu einer europäischen Literaturbewegung aus. In Deutschland gehörten etwa Gerhart Hauptmann und Arno Holz zu seinen Vertretern, in Frankreich Emile Zola, die Galionsfigur dieser literarischen Epoche. Er reagierte mit seinen Romanen, etwa dem berühmten Bergwerksroman *Germinal*, auf die massiven Veränderungen im Zuge der sich explosionsartig entwickelnden industriellen Revolution: In den großen Städten führten Arbeitslosigkeit und Überbevölkerung zur Verarmung weiter Teile der Bewohner. Was den bürgerlichen Autoren als Thema noch verpönt war, zum Beispiel die Elendsquartiere der Städte, die Fabriken, Dirnen, Alkoholiker, Geisteskranken und Kneipen, wurde nun zum literarischen Gegenstand erhoben.

»Kunst = Natur – X«

Vor diesem Hintergrund formuliert Arno Holz seine berühmte Kunstformel: »Kunst = Natur – X«. Das naturalistische Kunstwerk soll die Natur, und damit auch die gesellschaftliche Realität, objektiv wiedergeben. Dies gelingt aber nicht vollständig, weil der Faktor X, der unvollkommene Künstler, dazu nicht immer in der Lage ist.

Um ihre Gesellschaftskritik glaubhaft zu vermitteln, verzichteten die Autoren auf moralische Hinweise: die Leser sollten allein durch die objektive und vorurteilsfreie Beschreibung des Erzählten zu einem Urteil gelangen. Dabei orientierten sich die Autoren an den zeitgenössischen Wissenschaften, die sich um objektive Darstellung der Wirklichkeit bemühten: sie zogen Positivismus, Empirismus, Soziologie, Biologie und Psychologie zu Rate.

Wissenschaftliche Orientierung

Auch die Vertreter der Wiener Moderne orientierten sich an den Wissenschaften, etwa an der Sprachphilosophie Ludwig Wittgensteins, der Erkenntnistheorie Ernst Machs und an der Psychoanalyse Sigmund Freuds, der mit seiner *Traumdeutung* (1899) und anderen Werken für Furore sorgte, weil er unter anderem die Sexualität, damals ein Tabuthema, offen thematisierte.

Wiener Moderne

Im Unterschied zu den Naturalisten proklamiert Hermann Bahr – der theoretische Vordenker der Wiener Moderne – »die Abkehr vom naturalistischen Interesse an der sozialen Außenwelt und die Hinwendung zur psychologischen Darstellung der ›nervösen‹ Innenwelt.«[5] In dieser spiegelt sich die Welt auf vielfältige Weise, eine objektive Erkenntnis der Welt ist daher nicht möglich. Die Konstanten menschlicher Wahrnehmung – Raum und Zeit, Subjekt und Objekt – erklärte die Moderne zu relativen Größen. Begriffe wie Desorientierung, Diskontinuität, Inkohärenz, Irrealität und Fragmentarisierung kennzeichneten den Vor-

Konzentration auf die Innenwelt

Realitätszerfall

gang des umfassenden Realitätszerfalls, den schon Friedrich Nietzsche diagnostiziert hatte. Daher müsse auch der Mensch neu definiert werden. Das denkende Ich, jene Kategorie, in der René Descartes noch eine sichere Erkenntnis verankert wusste, entlarvt Nietzsche noch vor der Psychoanalyse: »all unser sogenanntes Bewußtsein [ist] ein mehr oder weniger phantastischer Kommentar über einen ungewußten, vielleicht unwißbaren, aber gefühlten Text.«[6] Für Nietzsche, den die Wiener Modernen bewunderten, besteht damit das Bewusstsein aus einer unberechenbaren Vielheit ohne einheitliches Zentrum.

Diese Analyse greifen auch andere Wissenschaftler und Künstler auf. So etwa der Physiker Ernst Mach, von dessen Erkenntnissen auch Hermann Bahr in seinen literaturtheoretischen Schriften profitierte. Mach geht wie Nietzsche davon aus, dass das Ich bzw. das erkennende Subjekt nicht eindeutig definiert werden kann, weil es sich aus Empfindungskomplexen zusammensetzt. Eine Anekdote aus Machs Jugend verdeutlicht das anschaulich: »An einem heitern Sommertage im Freien erschien mir einmal die Welt samt meinem Ich als eine zusammenhängende Masse von Empfindungen, nur im Ich stärker zusammenhängend.«[7]

Ernst Machs Erkenntnistheorie

Der Verfasser beschwört ein Erlebnis herauf, bei dem ihm zum ersten Mal bewusst wird, dass Welt (Objekt) und Ich (Subjekt) in einem ständigen Austausch miteinander stehen und nicht, wie viele Wissenschaftler annahmen, zwischen beiden eine strikte Grenze besteht. Das Ich unterscheidet sich lediglich von den anderen

Differenzierung von Subjekt und Objekt ist unzutreffend

»Empfindungen« (Welt), weil sie im Ich stärker zusammenhängen.

Zersplittertes Ich

Das Ich zersplittert regelrecht in der Moderne, ebenso die gegenständliche Realität: Die Welt ist nicht stabil oder identisch mit sich selbst, sondern sie öffnet sich dem Ich als fließender Empfindungsstrom. Wie kann nun ein Künstler diese moderne Welt angemessen gestalten? Schnitzler gelingt das mit dem inneren Monolog: Mit ihm kann er das zerfaserte, äußerst sprunghafte Innenleben Gustls, das im permanenten Austausch mit den Empfindungen der Außenwelt steht, angemessen wiedergeben.

Impressionistische Darstellung des Bewusstseinsstroms

Der Autor stellt die Gedankenwelt des Leutnants regelrecht impressionistisch dar. In Analogie zu den Malern des Impressionismus zeichnet er aus den sprachlichen Reflexen des inneren Monologes heraus ein Bild von der Bewusstseinslandschaft Gustls. Schnitzler verliert sich aber nicht in der Introspektion des Leutnants, sondern er verweist durch dessen Gedankenwelt auf gesellschaftliche Probleme wie etwa den Antisemitismus und einen überholten, fast schon pathologischen Ehrbegriff.

Schnitzler: Arzt als Schriftsteller

Nach dem Tod seines Vaters widmete sich Schnitzler mehr und mehr seinen künstlerischen Ambitionen. Seine Privatpraxis ließ ihm dafür mehr Zeit. Sein literarisches Schreiben – neben dem fachwissenschaftlichen – profitierte lebenslang auch von seiner medizinisch geschulten Sichtweise, die er über viele Jahre hinweg ausgebildet hatte; dabei kam auch das psychologische Terrain nicht zu kurz. 1889 erschien seine Dissertation mit dem Titel *Über funktionelle Aphonie und deren Behandlung durch Hypnose und Suggestion*. Er beschäftigte sich außerdem mit Geisteskrankheiten und Psychosomatik; auch dadurch schulte er seine differenzierte psychologische Beobachtungsgabe, die uns im inneren Monolog Gustls begegnet.

Schnitzler als Psychologe

»Gewöhnt an minutiöse Selbstbeobachtungen, entwickelte er schreibend eine Psychologie der Gefühlsnuancen, der Gemüts- und Seelenzustände, die selbst Sigmund Freud beinahe neidisch anerkannte.«[8]

Freud und Schnitzler

Von Freud konnte Schnitzler – trotz seiner Vorbehalte gegenüber der Psychoanalyse – aber lernen, wie Träume und Assoziationen zu deuten sind. Vor diesem Hintergrund ist es nur zu verständlich, dass Schnitzler Gustls Gedankenwelt wie ein Psychologe bis in die tiefsten Schichten seines Bewusstseins hinein darstellt.

Professor Bernhardi

Auch in anderen Werken setzt sich der Autor mit medizinischen Themen lebenslang auseinander. So behandelt Schnitzler 1912 in seiner Komödie *Professor Bernhardi* das Klinikleben, das er ja aus eigener Erfahrung bestens kannte. Der liberale jüdische Klinikleiter Bernhardi (der an Schnitzlers Vater erinnert) erlaubt es einem katholischen Priester nicht, einer jungen Frau, die im Sterben liegt, die letzte Ölung zu erteilen, weil ihr sonst klar werden würde, dass sie sterben muss. Bernhardi erspart der Frau, die sich in einem euphorischen Zustand befindet, dadurch Todesängste. Die humane Verhaltensweise des Professors nehmen seine Gegner zum Anlass, eine antisemitische Hetzkampagne gegen den Arzt zu führen. Wie *Lieutenant Gustl* zeigt die Komödie, wie präsent die Judenfeindlichkeit in Österreich war.

Antisemitismus

Fräulein Else

Schnitzlers gesellschaftskritische Erzählung *Fräulein Else* (1924) profitiert auch von seinen psychologischen Kenntnissen. Else T., die Protagonistin der Erzählung *Fräulein Else*, erhält, als sie sich im Italien-Urlaub aufhält, einen Brief ihrer Mutter. Sie soll, weil ihr Vater, ein jüdischer Advokat, Geld veruntreut hat und kurz vor seiner Inhaftierung steht, den vermögenden Kunsthändler von Dorsday um 30 000 Gulden bitten. Er willigt ein, aber er verlangt von ihr, dass er sie dafür für eine viertel Stunde nackt betrachten dürfe. Else ist empört, weil sie sich nicht prostituieren möchte, sie verschiebt ihre Entscheidung auf den Abend. Inzwischen stockt ihre Mutter den gewünschten Betrag auf 50 000 Gulden auf, dadurch gerät die Tochter unter noch stärkeren Druck. Am Abend entblößt sie sich im Musiksalon des Hotels vor den Gästen, auch vor dem Kunsthändler, dabei erleidet sie einen Nervenzusammenbruch und fällt in Ohnmacht. Wenig später bringt sie sich in ihrem Zimmer mit einer Überdosis Schlaftabletten um.

Novelle über den Wahnsinn

1931 erschien Schnitzlers Novelle *Flucht in die Finsternis*, die er zwischen 1912 und 1917 unter dem Arbeitstitel *Wahn* verfasste hatte. Hier seziert Schnitzler den Krankheitsverlauf seines Protagonisten Robert präzise: Er ist Hypochonder, Mordfantasien verfolgen ihn, außerdem leidet er an Verfolgungswahn, schließlich bringt er – inzwischen wahnsinnig geworden – seinen Bruder Otto um und tötet sich selbst.

Werktabelle (Auswahl)

1893 *Anatol*. Dramatische Skizze.
1894 *Sterben*. Novelle.
1895 *Liebelei*. Schauspiel in drei Akten.
1899 *Der Grüne Kakadu*. Groteske in einem Akt.
1900 *Reigen. Zehn Dialoge*. Komödie. (Privatdruck.) Die Zensur verbot über zwanzig Jahre lang die komplette Aufführung; die Uraufführung aller Szenen fand schließlich am 23. Dezember 1920 statt.
1901 *Frau Berta Garlan*. Roman.
1902 *Andreas Thameyers letzter Brief*. Erzählung.
1903 *Reigen. Zehn Dialoge*. Komödie. (Buchfassung.)
1904 *Der einsame Weg*. Schauspiel in fünf Akten.
1908 *Der Weg ins Freie*. Roman.
1909 *Komtesse Mizzi oder der Familientag*. Komödie in einem Akt.
1911 *Das weite Land*. Tragikomödie in fünf Akten.
1912 *Professor Bernhardi*. Komödie in fünf Akten.
1917 *Doktor Gräsler, Badearzt*. Erzählung.
1918 *Casanovas Heimfahrt*. Novelle.
1924 *Fräulein Else*. Erzählung.
1926 *Traumnovelle*. Erzählung.
1926/27 *Spiel im Morgengrauen*. Erzählung.
1928 *Therese. Chronik eines Frauenlebens*. Roman.
1931 *Flucht in die Finsternis*. Novelle.
1968 *Jugend in Wien*. Eine Autobiografie [Fragment].

8. Rezeption[9]

Das österreichische Militär reagierte auf Arthur Schnitzlers Novelle *Lieutenant Gustl* äußerst empört. Schon drei Tage nach ihrem Abdruck – am 28. Dezember 1900 – in der *Neuen Freien Presse* kritisierte das Wiener Morgenblatt *Die Reichswehr* Schnitzlers Werk: »Dieses Gemisch von Unflath, niedrigster Gesinnung und Verdorbenheit des Herzens, von Feigheit und Gewissenlosigkeit steckt Herr Schnitzler in eine österreichische Lieutenantsuniform«.[10]

Skandal

Der Autor erhält aber auch Zuspruch für seine Novelle. Nachdem Schnitzler vom Ehrenrat für Kadetten und Landwehroffiziere die Offizierswürde aberkannt worden war, verteidigte die *Neue Freie Presse* am 21. Juni 1901 in einem Leitartikel *Lieutenant Gustl* und seinen Autor: »Wirklich, es ist unsere volle Überzeugung, dass Schnitzler den Officiersstand nicht verletzt hat und dass diese irrige Meinung schwer zu erklären ist und vielleicht erst entstehen kann, wenn einzelne Sätze oder Worte ohne jeden Zusammenhang mit dem Ganzen, ohne jede Fühlung mit dem starken Zuge der Novelle betrachtet oder gedeutet werden.«[11] Außerdem wirft der Autor des Artikels dem Ehrenrat vor, literarische Zensur zu betreiben, weil er der Novelle jeglichen literarischen Rang abspricht und sie daher aus der Öffentlichkeit verbannen möchte. Durch solche militärische Zensur verliere der Autor Schnitzler seine »künstlerische Freiheit«.

Zu Schnitzlers Verteidigung

Auch Rainer Maria Rilke nimmt in seinem Brief vom 24. Juni 1901 an Schnitzler *Lieutenant Gustl* in Schutz. Er kritisiert dessen

Rilkes Einschätzung

Gegner und würdigt die künstlerische Qualität der Novelle: »Erscheinungen, die kaum sichtbar geworden waren, sind für diese innere Schaubühne [Gustls] gewonnen; der Strom Leben ist gebogen und gezwungen worden, durch dieses enge Flußbett durchzufließen, wobei dann ein großes Rauschen geschieht … Darin liegt der Wert des ›Lieutenant Gustl‹.«[12]

Finanzträchtiger Skandal

Der Skandal um Schnitzlers Text, der in vielen in- und ausländischen Zeitungen diskutiert wurde, bescherte dem S. Fischer Verlag wegen des öffentlichen Interesses einen finanziellen Erfolg. Die 7000 Exemplare der Erstauflage gingen schon im Erscheinungsjahr 1901 über die Ladentheke, so dass im selben Jahr die zweite Auflage gedruckt wurde.

Im Laufe der folgenden Jahre ebbte die Kritik an *Lieutenant Gustl* ab, auch weil nach dem Ersten und Zweiten Weltkrieg die Standesehre des Militärs nicht mehr den Stellenwert früherer Zeiten besaß. Ausnahmen bestätigen gleichwohl auch hier die Regel: Anlässlich von Schnitzlers hundertstem Geburtstag (1962) fand in Wien eine Gedenkfeier zu seinen Ehren statt. Von dem Festakt fühlte sich das monarchistische Blatt *Die Tradition – Nachrichtenblatt Alt-Österreichs* brüskiert, weil ihm *Lieutenant Gustl* nach wie vor ein Dorn im Auge war. Die Wiener *Arbeiter-Zeitung* setzte sich mit dieser Kritik in einer Glosse auseinander, die Feier habe »einigen Leuten in Österreich nicht [gefallen] – weil Schnitzler die gute alte k. u. k. Zeit nicht in den geziemenden Ehren gehalten hat.«[13]

Erneute Kritik

Im selben Jahr setzt sich dagegen der Schriftsteller und Literaturwissenschaftler Heinz Politzer in einem Nachwort zu *Lieutenant Gustl* differenziert mit der Novelle auseinander. Schnitzler habe mit Gustl kein Einzelschicksal vorgestellt, sondern das mehr oder weniger sinn- und zwecklose Leben vieler seiner Zeitgenossen. Dem Autor sei es gelungen, mit dem Offizier eine Epochendiagnose zu erstellen: »Leutnant Gustl ›ist‹ Wien, ›ist‹ das Vorkriegsösterreich, ›ist‹ der europäische Mensch in der trügerischen Windstille vor 1914.«[14]

Gustl als Stellvertreter einer Epoche

Politzer versteht die Novelle auch als ein Experiment, das Schnitzler exemplarisch mit Gustl durchführt: »Wie verhält sich der Mensch im Angesicht des Todes?«[15] Schnitzler zeigt uns auf eindrucksvolle Weise, was der Leutnant in seinen vermeintlich letzten Stunden denkt.

Drei Jahre später, 1965, wurde John Oldens Verfilmung »Leutnant Gustl«, die mit einer Starbesetzung aufwartet – Hans Moser, Peter Weck und Christiane Hörbiger –, in der BRD ausgestrahlt.

Verfilmung

Im Zentrum der Rezeption steht bis heute immer wieder der innere Monolog, ihn würdigt zum Beispiel Klaus Laermann 1977: »Der innere Monolog, das ist Schnitzlers genialer Kunstgriff, ist der Handlung an keiner Stelle äußerlich, sondern stets unmittelbar durch sie bedingt.«[15]

9. Checkliste

Erstinformation zum Werk

1. Schreiben Sie eine Zeitungsrezension zu *Lieutenant Gustl*. Sie soll 1800 Tastaturanschläge umfassen.
2. Lesen Sie in einem Literaturlexikon den Artikel über den »inneren Monolog« und geben Sie ihn in Form eines Vortrages wieder.
3. Schnitzler ließ sich in Bezug auf den inneren Monolog von Edouard Dujardins Roman *Les lauriers sont coupés* (1888) anregen. Lesen Sie diesen Text und stellen Sie seinen Inhalt vor.
4. Schreiben Sie eine zweiseitige Erzählung mit dem Titel *Leutnant Gustl*. Sie eröffnen Ihren Text mit dem folgenden Satz: »Mindestens hundert Jungfrauen, alle schwarz gekleidet; wie soll ich sie da herausfinden?« (7).

Inhalt

1. Skizzieren Sie stichpunktartig den Inhalt der Novelle. Tragen Sie Ihre Resultate als Rede vor.
2. Erstellen Sie gemeinsam mit Ihren Mitschülern einen Hypertext zu *Lieutenant Gustl*. Über die Herstellung von Hypertexten informiert Sie folgende Internetadresse: *http://www.lehrer-online.de/dyn/282912.htm*

Personen

1. Interpretieren Sie den Titel der Novelle unter folgendem Aspekt: *Lieutenant* (öffentliche Person) versus *Gustl* (private Person).
2. Schreiben Sie eine Facharbeit. Sie vergleichen Gustl mit Carl Joseph von Trotta in Joseph Roths Roman *Radetzkymarsch* (1932) oder mit dem Soldaten Schwejk in Jaroslav Hašeks Schelmenroman *Die Abenteuer des braven Soldaten Schwejk während des Weltkrieges* (1921–23).
3. Schreiben Sie auf Gustl einen Nachruf für eine Zeitung (1600 Anschläge).
4. Suchen Sie sich aus *Lieutenant Gustl* eine Person aus, die im Lektüreschlüssel nicht vorgestellt wird – charakterisieren Sie diese mit angemessenen Zitaten.
5. Setzen Sie sich in Form einer Gerichtsverhandlung mit den Verfehlungen von Leutnant Gustl auseinander. Die Schüler übernehmen die Rollen von Richter, Staats- und Rechtsanwalt.
6. Interpretieren Sie den folgenden Satz des Bäckers vor dem Hintergrund des militärischen Ehrbegriffs; berücksichtigen Sie dabei auch den Kontext des Satzes: »Habe die Ehre, Herr Lieutenant, hat mich sehr gefreut – habe die Ehre!« (16).
7. Gustl spielt immer wieder mit dem Gedanken, Briefe, vor allem Abschiedsbriefe, zu schreiben; wieso aber schreibt er keine?
8. Gustl erwähnt seine »Mama« vierzehnmal im Text, seinen »Papa« sechsmal, seine Schwester Klara siebzehnmal. Erklären Sie diese unterschiedliche Gewichtung.

Werkaufbau

1. Stellen Sie die Zeit- und Raumstruktur der Novelle grafisch dar.
2. Lesen Sie in einem Literaturlexikon den Artikel über die Gattung Novelle und geben Sie ihn in Form eines Vortrages wieder.
3. Stellen Sie den dramatischen Handlungsablauf von *Lieutenant Gustl* grafisch dar.

Interpretation

1. Welche Rolle spielte das Duellwesen zu Beginn des 20. Jahrhunderts? Diskutieren Sie in diesem Kontext auch die beiden Duelle in Theodor Fontanes *Effi Briest* (1894/95) und in Thomas Manns *Der Zauberberg* (1924).
2. Arthur Schnitzler hat sich in seinen beiden Schauspielen *Liebelei* (1895) und *Freiwild* (1896) auch mit dem Duellwesen auseinandergesetzt, in welcher Form?
3. Setzen Sie sich in einem Essay mit dem Thema ›Ehre und Duell‹ auseinander.
4. Stellen Sie Gustls schwankenden Ehrbegriff in Form einer Mindmap dar.
5. Wieso war der Antisemitismus auch im Offizierskorps der Doppelmonarchie verbreitet?
6. Analysieren Sie Gustls Kirchenbesuch (38).
7. Interpretieren Sie folgenden Satz aus seinem Kontext heraus: »Am End' ist das Alles, weil ich in der Kirchen g'wesen bin« (44).

Autor und Zeit

1. Visualisieren Sie Schnitzlers tabellarischen Lebenslauf (oben S. 41 f.) mit Bildern, die Sie im Internet recherchieren. Stellen Sie die Bilder mit den Daten aus der Tabelle zu einer aussagekräftigen Powerpoint-Präsentation zusammen.
2. Stellen Sie mit Bezug auf *Lieutenant Gustl* die Österreichisch-Ungarische Monarchie vor.
3. Halten Sie ein Referat über das Fin de siècle oder über Nietzsches oder Baudelaires Dekandenz-Verständnis.
4. Arbeiten Sie die Unterschiede zwischen Naturalismus und Wiener Moderne heraus.
5. Claude Monet (1840–1926) war ein impressionistischer Maler. Ihm ist es gelungen, flüchtige Impressionen wie die Vibration des Lichts, das Nuancenspiel des Wassers oder auch das Farbspektrum von Blumen zu fixieren. Stellen Sie seine Gemälde *Mohnfeld bei Argenteuil* (1873) und *Spaziergang über die Felsen von Pourville* (1882) Ihren Mitschülern vor. Arbeiten Sie dabei auch Analogien zu *Lieutenant Gustl* und dem inneren Monolog heraus.
6. Lesen Sie Schnitzlers Komödie *Professor Bernhardi* und stellen Sie ihren Inhalt vor.
7. Vergleichen Sie die inneren Monologe in *Lieutenant Gustl* und in *Fräulein Else*.

Rezeption

1. Schreiben Sie einen Leserbrief und äußern Sie sich zu der Kritik (oben S. 53) aus der Tageszeitung *Die Reichswehr*.

2. Der militärische Ehrenrat sprach Schnitzler seine künstlerische Freiheit ab. Das hatte auch Konsequenzen für seine Kollegen, so die *Neue Freie Presse* am 21. Juni 1901: »Viele hundert Männer verlieren plötzlich die geistige Selbstständigkeit und literarische Unabhängigkeit, die ihnen das Strafgesetz und die dramatische Censur noch gelassen haben.«[17] Wieso verloren auch viele andere Künstler im Kontext der Gustl-Affäre ihre künstlerische Freiheit?
3. Nehmen Sie Stellung zu Heinz Politzers These, Schnitzler habe mit *Lieutenant Gustl* eine Epochendiagnose der Jahrhundertwende erstellt.
4. Am 22. Mai 1901 schrieb der Literaturkritiker und Philosoph Georg Brandes in einem Brief an Schnitzler Folgendes über *Lieutenant Gustl*: »Welch ein vorzügliches und originelles Buch Sie dort geschrieben haben. Eine ganze Psychologie in einer Nußschale.«[18] Interpretieren Sie den zweiten Satz Brandes'.
5. Schauen Sie sich den Film *Leutnant Gustl* (1963) an und interpretieren Sie ihn. Folgendes Buch ist hilfreich für Ihre Analyse: Peter Beicken: Wie interpretiert man einen Film? Stuttgart: Reclam, 2004 [u. ö.].
6. Das Schulministerium wünscht von den Schülern eine Stellungnahme, ob *Lieutenant Gustl* weiterhin in der Oberstufe gelesen werden soll. Legen Sie Ihren Standpunkt begründet dar.

10. Lektüretipps/Filmempfehlung

Textausgaben

Die erste Buchausgabe von *Lieutenant Gustl* [ab 1914 unter dem Titel *Leutnant Gustl*] erschien 1901 in Berlin im S. Fischer Verlag.

Im vorliegenden *Lektüreschlüssel* wird nach der folgenden Ausgabe zitiert: Schnitzler, Arthur: Lieutenant Gustl. Novelle. Hrsg. von Konstanze Fliedl. Stuttgart: Reclam, 2009. (Universal-Bibliothek. 18156.)

Zur Biografie des Autors

Farese, Giuseppe: Arthur Schnitzler. Ein Leben in Wien 1862–1931. München 1999.

Scheible, Hartmut: Arthur Schnitzler. Reinbek bei Hamburg ^{14}2007.

Zur Gattung Novelle

Freund, Winfried: Novelle. Stuttgart 1998. (Reclams Universal-Bibliothek. 17607.)

Sekundärliteratur zu *Lieutenant Gustl*

Wer sich einen Überblick über die Forschungsliteratur zu Arthur Schnitzler sowie zu *Lieutenant Gustl* verschaffen möchte, dem sei die Homepage der Arthur Schnitzler Gesellschaft empfohlen: ***http://www.arthur-schnitzler.at***

Aurnhammer, Achim: *Lieutenant Gustl.* Protokoll eines Unverbesserlichen. In: Interpretationen: Arthur Schnitzler: Dramen und Erzählungen. Hrsg. von Hee-Ju Kim und Günter Saße. Stuttgart 2007. (Reclams Universal-Bibliothek. 17532.) S. 69–88.

Fliedl, Konstanze: Arthur Schnitzler. Stuttgart 2005. (Reclams Universal-Bibliothek. 17653.) S. 118–124.

Frevert, Ute: Ehrenmänner. Das Duell in der bürgerlichen Gesellschaft. München 1991.

Kunz, Ulrike: Arthur Schnitzler: *Leutnant Gustl.* In: U.K.: »Der Zeit ihre Kunst, der Kunst ihre Freiheit«. Ästhetischer Realismus in der europäischen Décadenceliteratur um 1900. Hamburg 1997. S. 323–428.

Madlener, Elisabeth: »… Die Duellfrage ist in ihrem Kern eine Sexualfrage.« In: Début eines Jahrhunderts. Essays zur Wiener Moderne. Hrsg. von Wolfgang Pircher. Wien 1985. S. 163–176.

Morris, Craig: Der vollständige innere Monolog: eine erzählerlose Erzählung? Eine Untersuchung am Beispiel von *Leutnant Gustl* und *Fräulein Else.* In: Modern Austrian Literature. Journal for the International Arthur Schnitzler Research Association 31 (1998) Nr. 2. S. 30–51.

Nuber, Achim: Neue Aspekte zu Arthur Schnitzlers Monolognovellen *Leutnant Gustl* und *Fräulein Else.* In: Epochenbegriffe. Grenzen und Möglichkeiten. Akten des X. Internationalen Germanistenkongresses Wien 2000. Bern 2002. S. 427–432.

Polt-Heinzl, Evelyne: Erläuterungen und Dokumente: Arthur Schnitzler: *Lieutenant Gustl.* Stuttgart 2000. Durchges. Ausg. 2009. (Reclams Universal-Bibliothek. 16017.)

Rogal, Stefan: Freuds Psychoanalyse – konkret mit Originaltext: Arthur Schnitzler: Leutnant Gustl. Lektüreheft. Leipzig 2009.

Schmidt-Dengler, Wendelin: Arthur Schnitzler: *Leutnant Gustl*. In: Interpretationen des 20. Jahrhunderts. Bd. 1. Stuttgart 1996. S. 21–37.

Wilpert, Gero von: Leutnant Gustl und seine Ehre. In: Die Ehre als literarisches Motiv. Eric W. Herd zum 65. Geburtstag. Hrsg. von August Obermayer. Dunedin 1986. S. 120–139.

Filmempfehlung

Leutnant Gustl (BRD, 1963). Regie: John Olden. Drehbuch: Norbert Kunze und Ernst Lothar. Laufzeit: 91 Min.

Anmerkungen

1 Zit. nach: Evelyne Polt-Heinzl, *Erläuterungen und Dokumente, Arthur Schnitzler »Lieutenant Gustl«*, durchges. Ausg., Stuttgart 2009, S. 37.
2 Klaus Laermann, *Leutnant Gustl*, zit. nach: Ebd., S. 20.
3 Ich beziehe mich in diesem Kapitel auf die Wort- und Sacherklärungen in: Ebd., S. 5–26.
4 Klaus Laermann, *Leutnant Gustl*, zit. nach: Ebd., S. 16.
5 Hee-Ju Kim / Günter Saße in: Dies. (Hrsg.), *Arthur Schnitzler, Dramen und Erzählungen*, Stuttgart 2007, S. 10.
6 Friedrich Nietzsche, *Nachgelassene Fragmente*, in: *Kritische Studienausgabe*, Bd. 13, Hrsg. von G. Colli und M. Montinari, München u. a. ^{2}1988, S. 387.
7 Ernst Mach, *Analyse der Empfindungen und das Verhältnis des Psychischen zum Physischen*, Jena ^{6}1911, S. 24.
8 Ingo Leiß / Hermann Stadler, *Deutsche Literaturgeschichte*, Bd. 8, *Wege in die Moderne 1890–1918*, München ^{3}2004, S. 197.
9 Ich beziehe mich in diesem Kapitel auf die *Erläuterungen und Dokumente* (Anm. 1), S. 43–62; 81–111.
10 Zit. nach: Ebd., S. 46 f.
11 Zit. nach: Ebd., S. 47.
12 Zit. nach: Ebd., S. 56.
13 Zit. nach: Ebd., S. 62.
14 Zit. nach: Ebd., S. 83.
15 Zit. nach: Ebd., S. 82.
16 Zit. nach: Ebd., S. 88.
17 Zit. nach: Ebd., S. 48.
18 Zit. nach: Ebd., S. 35 f.